COMPRENDRE
Le Salut En
JESUS-CHRIST

SAUVÉ POUR SAUVER.

Rev. Apôtre José Gah

DEDICACE

* À toutes ces merveilleuses personnes rencontrés sur le chemin de ma foi.
* À celles qui croient dans l'appel au salut des âmes, que Dieu, a bien voulu, dans sa grâce, me conférer.
*À celles qui, de nombreuses années durant me soutienne dans la propagation de l'évangile, dans le monde entier.
Votre récompense est générationnelle.
Seul Dieu, saura vous donner votre part.
Je vous chéri du fond du cœur.

*A mon épouse et mes enfants.

TABLE DES MATIÈRES

TABLE DES MATIÈRES

Reconnaissance

RECONNAISSANCE

Je béni Dieu de m'avoir fait connaitre Jésus-Christ. Je reste persuadé sans l'ombre d'un doute, que c'est le plus beau don qu'il m'est accordé.
Rien n'a autant changé ma vie plus que que ma rencontre avec Jésus-Christ. Rien.

1- VOICI L'HOMME.

Jésus sortit donc, portant la couronne d'épines et le manteau de pourpre. Et Pilate leur dit: Voici l'homme. Jn 19v5.

De façon ironique, Le roi Pilate offrit une personne à la foule, pour punition en disant : Voici l'homme. Faites-en ce que vous voulez. Je m'en lave les mains.

Cette personne, était celle qui se présentait à son peuple et aux nations quelques temps auparavant comme étant, le fils unique de Dieu, le Pain de la vie, la grâce, la lumière des nations, l'eau de vie, la paix...

Elle devrait faire face à une punition tragique, barbare et surtout injustifiée, juste, parce qu'elle s'était arrogée le statut de S.A.U.V.E.U.R. Elle devrait mourir.

Livrer par les siens aux pécheurs. Vendu, par son disciple pour des espèces sonnantes et trébuchantes, seulement 30 pièces d'argent. Humilier, jusqu'à être dénudé à la croix.

Cet homme, ce 'prétentieux' devrait rendre témoignage de son 'blasphème' sous les coups de fouets, les crachats, les injures, les clous de ses bourreaux au cours d'un supplice appelé le chemin de croix.

Tout ses sympathisants d'hier, même ses disciples, ceux qui ont acclamés ses exploits, sa générosité et sa bonté étaient absents.

Juger et condamner pour des allégations montées de toutes pièces. Un accord des plus grotesques fut trouvé pour approuver sa faute, en l'échange d'un prisonnier odieux et sanguinaire du nom de Barrabas.

Malgré tout, dans le silence et avec courage, elle affronta sa destinée.

Cette personne mourut et trois jours plus tard, elle revint à la vie par la puissance du Saint Esprit.

Depuis ce jour, l'humanité fut secouée. L'histoire de ce monde fut bouleversée.

L'homme le plus recherché de toute la terre fut crucifié du haut d'une montagne du nom de Golgotha.

Le montant du jackpot de la récompense, offerte, à celui qui a accepté de le dénoncer et le livrer, montrait tout le mépris que les chefs religieux de l'époque avaient à son égard.

Cependant le boomerang de cet évènement, fut le contraire de ce que ses ennemis, avaient espérés.

Cette personne, cet homme, c'était l'ex-charpentier de Galilée. Le Messie, Jésus-Christ de Nazareth : C'était lui l'homme.

Désormais, plus rien dans ce monde ne se fait sans ce NOM.

En voulant l'humilier, Satan l'a élevé.

2- LE SALUT

Afin de donner à son peuple la connaissance du salut Par le pardon de ses péchés, Luc 1v77.

Le salut est le cadeau, offert par Dieu, à tous les peuples, les nations vivants sous les cieux… Sans exception, surtout sans aucun préalable. Ce merveilleux don entra dans le monde le jour tragique ou l'homme de la Galilée expira et remis son esprit au père.

Il est disponible pour tous. Pour les bons de cœur comme pour les méchants ; Pour les ignorants et pour les sages de ce monde ; Pour les gens les plus infâmes et les plus vils ; Pour les voleurs, les brigands ; Pour les meurtriers ; Pour les violeurs, les parjures ; les homosexuels ; les parricides ; Pour les prostituées ; les rébus et pour les repris de justice…le salut est pour vous, cher lecteur. Qui que vous soyez. Quoi que vous ayez faits, il y a x année(s), hier et aujourd'hui. Dieu vous a aimé sans attendre de vous quoi que ce soit.

C'est incroyable à nos yeux. C'est pourtant la vérité.

La seule chose qui motive Dieu a vous aimé autant, c'est l'amour qu'il a pour Jésus-Christ. Ce dernier a accepté de se substituer à vous et à moi afin que Dieu le père, manifeste de façon concrète, son amour ineffable pour l'homme.

Car Dieu a tant aimé le monde qu'il a donné son Fils unique, afin que quiconque croit en lui ne périsse point, mais qu'il ait la vie éternelle. Dieu, en effet, n'a pas envoyé son Fils dans le monde pour qu'il juge le monde, mais pour que le monde soit sauvé par lui.
Jn 3v16-17.

Voyez-vous comment les parents chérissent leurs enfants ? Voyez-vous les sacrifices qu'ils sont prêts à faire afin de leur donner le meilleur, pour garantir leurs avenirs ?

Voyez-vous comment d'autres, donne du soin et vêtissent les animaux de maisons ?

Eh bien ! Dieu, que pensez-vous qu'il ait dans le cœur pour vous ? Que croyez-vous qu'il soit disposé à faire pour assurer le bien-être de l'homme pour lequel il a livré son fils à la mort ?

Dieu vous aime. N'en doutez point.

La femme peut-elle oublier l'enfant qu'elle allaite, et n'avoir pas pitié du fils de son sein? Mais quand elles les oublieraient, moi je ne t'oublierai pas. Voici, je t'ai gravée sur les paumes de mes mains..
Es 49v15-16.

- Qui d'entre vous peut voir son enfant dans la souffrance et rester sans réactions? Personne ! N'est-ce pas ?
- Qui ne donnerait pas tout, afin que, le fruit de ses entrailles, domine ce monde ?

  Dieu nous a sauvés, pour de bien meilleures raisons.

  Sauver vient du mot grec « SOTERIA »
  Qui signifie :
* Victoire sur la Maladie.
* Victoire obtenue sur le péché.

  * Victoire obtenue sur la première et la seconde mort.

* Victoire sur l'emprise des démons et du monde des ténèbres.

* Libre accès au paradis de Dieu...la vie Éternelle.

3-SAUVER POUR SAUVER

Et il leur dit: Allez par tout le monde, et prêchez l'évangile à toute créature.

Celui qui croira et sera baptisé, sera sauvé; mais celui qui ne croira point sera condamné.

Et voici les miracles qui accompagneront ceux qui auront cru: Ils chasseront les démons en mon nom; ils parleront de nouvelles langues;

Ils saisiront les serpents; quand ils auront bu quelque breuvage mortel, il ne leur fera point de mal; ils imposeront les mains aux malades, et ils seront guéris.

Le Seigneur, après leur avoir parlé, fut élevé au ciel, et il s'assit à la droite de Dieu.

Et eux, étant partis, prêchèrent partout; le Seigneur opérant avec eux, et confirmant la Parole par les miracles qui l'accompagnaient. Mc 16v15-20

Nous avons été sauvés. Nous avons goutés que Jésus-Christ est bon, car une personne a bien voulu nous faire partager cette grâce en nous annonçant l'évangile.

Après avoir été sauvés, vous aussi, partagez l'amour de Dieu autour de vous.

Lorsque nous sommes sauvés, une grande joie remplie notre cœur. Notre âme vibre. Nous avons envie de dire au monde entier que le Christ est vivant au siècle et des siècles. Que son nom est suffisamment puissant pour guérir les cœurs brisés, panser les blessures intérieures, donner un avenir à ceux qui n'en avaient pas et une famille à ceux qui n'en possédaient pas... Avez-vous réellement été sauvé ?
Vous devriez avoir donc déjà expérimenté ces moments où vous vouliez être à l'église constamment; Cette saison ou vous preniez plaisir à lire votre bible ; à prier sans cesse ; à jeûner...

Si vous avez été sauvés et que vous n'avez pas encore expérimentés « ce temps de folie en Jésus-Christ ». Vous n'avez certainement pas encore reçu le Baptême dans le Saint-Esprit. Il y a un problème. Le Salut rend heureux et « fou ».

Quiconque devient parent d'un enfant par exemple, en informe ses voisins, ses ami(e)s et sa famille.
Quiconque reçoit une bonne nouvelle s'empresse de la partager.

L'évangile du salut est la bonne nouvelle du royaume. C'est une panacée spirituelle pour notre bien-être sur tous les plans.

L'évangile, est la plus grande puissance à l'œuvre dans l'univers.
C'est une puissance pour le salut de quiconque croît.
Cette puissance nous donne un pouvoir : Celui de devenir enfant de Dieu.
Quand elle nous touche, nous devenons des gens de la maison de Dieu. Alléluia !
Lorsque nous sommes sous son contrôle, nous prenons plaisir à la partager.
Nous avons découvert un trésor que nous ne voulons pas dissimuler.

Avez-vous réellement été sauvés ?

Vous ne devriez plus pouvoir vous taire.
Vous devriez avoir envie de voir le monde venir à genoux aux pieds du Christ.

Vous n'avez pas été sauvés pour vous taire. Vous avez été sauvés pour sauver à votre tour. Vous avez reçu pour donner.

Je vous dis qu'il y aura de même plus de joie dans le ciel pour un seul pécheur qui se repent, que pour quatre-vingt-dix-neuf justes qui n'ont pas besoin de repentance. Luc 15v7

Voilà qui est clair : Le seul moment où il y a réjouissances dans les cieux. C'est lorsque les brebis égarés reviennent à Dieu. C'est lorsque les pécheurs viennent à la lumière du salut.

Un Chrétien qui ne sauve pas les autres c'est-à-dire qui ne partage pas la bonne pas la bonne nouvelle du royaume, a raté le but de son propre salut.

Avez-vous honte de parler de votre salut ? il y a un problème quelque part.

Avez-vous peur de parler de Christ autour de vous ? Commencez d'abord par vos proches. Par exemple vos collègues, vos ami(e)s, parents, et voisins…).

Guérissez les malades, délivrer les captifs, purifiez les lépreux, ressuscitez les morts, annoncer la bonne nouvelle aux pauvres…

4-LES BIENFAITS DU SALUT

Si nous disons que nous sommes sauvés. Cela sous-entend qu'auparavant, nous ne l'étions point.

Quelle était donc notre statut devant Dieu ? Nous étions :

- Des pécheurs (pratiquants invétérés et obstinés du péché, du mal).
  Car nous aussi, nous étions autrefois insensés, désobéissants, égarés, asservis à toute espèce de convoitises et de voluptés, vivant dans la méchanceté et dans l`envie, dignes d`être haïs, et nous haïssant les uns les autres. Tite 3v3

- Des ennemis de Dieu (des adorateurs des images taillées et des eaux, des blasphémateurs des statuts et des images taillées...).

  Et vous, qui étiez autrefois étrangers et ennemis par vos pensées et par vos mauvaises œuvres, il vous a maintenant réconciliés par sa mort dans le corps de sa chair, Col 1v21.

- Des morts ambulants (Nous étions morts quoi que vivants car l'enfer était notre terminus le plus sûr).
Vous étiez morts par vos offenses et par vos péchés, dans lesquels vous marchiez autrefois, selon le train de ce monde, selon le prince de la puissance de l'air, de l'esprit qui agit maintenant dans les fils de la rébellion. Eph 2v1-2.

<u>Le salut est le moyen par lequel Dieu nous réconcilie à lui.</u>
Jésus-Christ est le pont du salut. C'est lui et lui seul qui a payé le prix à la croix.
Il a souffert seul. Lui seul est mort. Lui seul est ressuscité.
Etre sauver nous fait comprendre le langage de Dieu.

Il leur dit: C'est à vous qu'a été donné le mystère du royaume de Dieu; mais pour ceux qui sont dehors tout se passe en paraboles. Mc 4v11.

Aussi facile d'accès que soit une certaine organisation, tant que nous n'y adhérons pas, nous ne pouvons comprendre sa vision.

Aussi mystérieuse que nous parait une chose. Tant que nous n'en sommes pas proche ou parties prenante, nous sommes fermé à sa compréhension.

La même réalité s'applique à la chrétienté. Vous ne pouvez pas la vivre pleinement. Vous ne pouvez pas la comprendre si vous n'en faites pas partie.

Connaissez-vous une organisation, un club, un groupe social quelconque qui est prêt à vous intégrer en son sein sans que vous ne possédiez sa carte de membre ou sa carte d'affiliation ?

Dans certaines organisations même, il faut s'acquitter d'un droit mensuel ou annuel pour préserver ou conserver son adhésion. Il est obligatoire de posséder cette carte pour bénéficier de tous les privilèges qui s'y rattache.

Pour détenir et manifester la citoyenneté du royaume de Dieu. Il faut être sauver.

5-LES 4 PRIORITES DU SALUT

Le salut en Christ s'articule autour de quatre axes majeurs.

*Premièrement, la citoyenneté du royaume

Nous sommes des enfants de Dieu. Nous reflétons son image. Nous invoquons avec assurance le seul nom qui fait fléchir Dieu, c'est à dire : JESUS-CHRIST.

Mais à tous ceux qui l'ont reçue, à ceux qui croient en son nom, elle a donné le pouvoir de devenir enfants de Dieu, lesquels sont nés, non du sang, ni de la volonté de la chair, ni de la volonté de l'homme, mais de Dieu. Jn 1v12-13.

*Deuxièmement, Le sang de Jésus-Christ

nous garantit la purification de nos péchés passés, présents et futures.
Dissocier le sang de Jésus-Christ du salut c'est comme penser qu'un être vivant peut vivre sans son cœur.

Du temps des patriarches juifs, du temps du patriarche Moise, tout d'après la loi, était sanctifié, purifié ou absous de fautes par le sang des animaux.

Chaque jour, chaque année, les lévites étaient en charges, de verser le sang des animaux ou de faire certains rituels pour le bénéfice du peuple et selon l'ordre de Dieu.

En effet, la loi de Moise était une loi très dure appelée la loi de Talion. C'était Œil pour œil, dent pour dent.

Dieu était strict et sévère. Toute faute était systématiquement réprimée par la maladie de la lèpre ou par la mort.

Ah les pauvres animaux ! leur sang est tant versé. Malgré cela, Israël péchait toujours et revenais toujours faire les mêmes rituels avec les mêmes animaux. Rien n'y fit.

Ils pratiquaient tellement le péché que Dieu, pris de colère, a fini par les rejeté 400 ans durant.

Puis, Jean-Baptiste, le réformateur, vint pour prêcher la repentance et annoncer la venue du sauveur.

Le sacrifice de Jésus-Christ rêvait donc un caractère incontournable dans notre foi.

Seul le sang du sauveur, était à même de terrasser Satan et la puissance de la mort.

Et j'entendis dans le ciel une voix forte qui disait: Maintenant le salut est arrivé, et la puissance, et le règne de notre Dieu, et l'autorité de son Christ; car il a été précipité, l'accusateur de nos frères, celui qui les accusait devant notre Dieu jour et nuit. Ils l'ont vaincu à cause du sang de l'agneau et à cause de la parole de leur témoignage, et ils n'ont pas aimé leur vie jusqu'à craindre la mort.
Ap 12v10-11.

<u>La foi Chrétienne ne s'appuie pas sur la naissance de Jésus-Christ, mais plutôt sur sa mort et sa résurrection.</u>
La fête de Noël par exemple, demeure plus, un jour de divertissement qu'une doctrine chrétienne. Car elle parle de sa naissance.
Cette fameuse chanson ne dit-elle pas :
Il est né le divin enfant...
Un enfant ne peut sauver personne.
Et Jésus enfant, n'a d'ailleurs rien fait d'autre que de fuir avec ses parents en Egypte pour éviter, la furie d'Hérode.

Le Chrétien peut dominer sur Satan et ses démons parce que Jésus-Christ est mort. Est ressuscité le troisième jour. Est assis à la droite du père, d'où il reviendra pour venir sauver les morts et les vivants. Ceux qui ont confessés son nom et ont gardés leurs robes blanches. Alléluia !

*Troisièmement, la communion avec Dieu.

Dieu ne nous sauve pas simplement pour que nous soyons appelés disciples de Christ. Il veut que nous ayons une relation de père à fils et bien mieux d'époux à épouse avec lui. A la croix, Christ a déclaré :
Le voile est déchiré.
Cette expression renvoyait à la vérité selon laquelle, il n'y a plus de barrière entre l'homme et DIEU par Jésus-Christ.
Tout homme peut s'approcher de Dieu sans intermédiaire. Emmanuel, Dieu est avec nous. Mieux, Dieu est en nous par son Saint-Esprit.
Ainsi, tout homme, en tout lieu, à chaque instant peut prier et être écouter par Dieu.

Un partenaire, un ami à qui l'on ne parle jamais finira par nous quitter ou se poser des questions sur le sens de notre amitié. Dieu veut partager tout avec nous. Nos joies et nos peines. Il veut que nous l'impliquons dans les petites comme dans les grandes choses de notre vie de tous les jours.

Cher ami(e), Dieu cherche des adorateurs. Il n'est pas ce Dieu avec une grande barbe blanche et une chicotte à la main prêt à vous punir.

Non ! il nous aime jusqu'à mettre son esprit en nous, afin que nous soyons plus aptes, à entendre sa voix et à lui parler.

Comme Jésus était en chemin avec ses disciples, il entra dans un village, et une femme, nommée Marthe, le reçut dans sa maison. Elle avait une sœur, nommée Marie, qui, s'étant assise aux pieds du Seigneur, écoutait sa parole. Marthe, occupée à divers soins domestiques,

survint et dit: Seigneur, cela ne te fait-il rien que ma sœur me laisse seule pour servir? Dis-lui donc de m'aider. Le Seigneur lui répondit: Marthe, Marthe, tu t'inquiètes et tu t'agites pour

beaucoup de choses. Une seule chose est

nécessaire. Marie a choisi la bonne part, qui ne lui sera point ôtée. Luc 10v38-42

*Quatrièmement, La vie éternelle.

Notre salut à ôter en nous, la peur de la mort. Mourir est un gain. Nous rejoindrons notre Dieu dans la félicité céleste pour vivre éternellement avec lui.

Les doctrines comme le purgatoire sont une raison supplémentaire pour refuser le salut en étant vivant sur la terre. Puisque selon cette doctrine, une messe d'intercession peut sortir nos proches du feu de l'enfer pour une place bien au chaud auprès de Dieu.

En vérité, si le purgatoire et la réincarnation existent, la résurrection des morts n'a pas de sens. Le jugement dernier serait une fable.

Enfin ! ouvrons les yeux ! si l'intercession de mes proches peut me sauver après ma mort. Alors pourquoi donnerais-je du crédit à Christ étant vivant ?

Si je dois me réincarner dans une autre vie après ma mort, à quoi bon perdre mon temps à craindre Dieu ?

C'est l'histoire de cet homme qui a vaincu comme un adepte de la franc- maçonnerie sur la terre. A sa mort, sa famille demanda une messe de repentance pour le repos de son âme. Le prêtre refusa catégoriquement, parce que cet homme de son vivant, renia Christ.

L'affaire fit grand bruit jusqu'au sommet de l'état. Car cet homme était un grand de la nation ivoirienne.

La foi n'est pas du théâtre. Un mort est mort pour de vrai. Les morts n'entendent pas nos voix encore moins nos prières. Prions pour les vivants et pressons les d'embrasser le salut en Jésus-Christ sans délai.

Tout ce que les hommes ajoute à la bible comme doctrine, pour sucrer les oreilles des adeptes, c'est du bourrage de cerveau. Disons aux hommes de tourner leurs cœurs vers Dieu dès aujourd'hui. Sinon, demain, en dépit des hommages de notre famille, nos amis et collègues et avec la présence du plus saint des pasteurs et des prêtres, ce serait trop tard. Car eux-mêmes seront jugés.

Comptez sur leur intercession étant en vie et non après.

Et comme il est réservé aux hommes de mourir une seul fois, après quoi vient le jugement, de même Christ, qui s'est offert une seul fois pour porter les péchés de plusieurs, apparaîtra sans péché une seconde fois à ceux qui l`attendent pour leur salut. Héb 9v27-28.

6-LE SALUT POUR TOUTES LES NATIONS

Puis il leur dit: Allez par tout le monde, et prêchez la bonne nouvelle à toute la création. Mc 16v15

Allez par tout le monde et attirer les hommes au salut en manifestant les signes, les prodiges et les miracles dans le nom de Jésus-Christ.

Le seigneur promet revenir chercher ses élus, lorsque toutes les contrées du monde auront entendues le message du salut et de la grâce.

Evidemment, aucun homme, a lui seul, ne pourra atteindre tous les peuples aussi puissant et talentueux soit-il.

Mais si chacun fait un peu. Beaucoup sera fait. Si tous font un peu. Tout sera fait.

Quand une personne se dit :

Cette montagne est trop grande. Je ne puis la déplacer. Elle peut au moins commencer à déplacer des pierres.

L'amas de pierre finira par s'amonceler et devenir la montagne qu'elle ne pouvait pas déplacer d'un seul trait.

En somme, ne donnons pas d'excuses à notre immobilisme sous prétexte que parler de christ n'est pas facile.

Le salut est réservé à tous les peuples.

Je me souviens être arriver en Amérique avec la question suivante : Quelle message vais-je annoncer ? Est-ce que le message de délivrance produira de l'effet dans ce lieu ?

De toutes les façons c'était ce que j'avais dans le cœur pour l'église ou j'ai été invité à partager la parole.

A peine avais-je ouvert la bouche, que, quelques minutes seulement après, je fus le témoin de puissants signes de la manifestations de l'esprit que je vivais en Cote d'ivoire. C'était même plus fort.

Je repris confiance en mon cœur et je me convainc a l'idée que l'évangile est vraiment pour toutes les nations.

Les hommes sont pareils sous tous les cieux. Avec les mêmes problèmes.

S'il y a un diable qui les attaque. Il y a un sauveur pour les délivrer.

Parfois, nous nous demandons, comment nous annoncerons le message du salut aux asiatiques, aux amazoniens, aux arabes, aux radicaux...

Eh bien, je nous rappelle ce que dit le sei-
zième chapitre de Marc en son chapitre
vingt :
Et ils s'en allèrent prêcher partout.
Le Seigneur travaillait avec eux,
et confirmait la parole par les miracles qui
l'accompagnaient.

Si nous daignons prendre le seigneur au
mot, il manifestera sa puissance et attirera
les hommes à lui au travers de nous.
Jésus Christ est le même hier, aujourd`hui,
et éternellement. Héb 13:8.

<u>Il est efficace sur tous les continents.</u>
N'ayons pas peur de la couleur de peau ou
de l'origine des hommes. Dieu a créé toutes
les races. Aucune n'est supérieure a une
autre. Aucune n'a de l'eau dans les veines.

Or, il y avait en séjour à Jérusalem des Juifs,
hommes pieux, de toutes les nations qui sont
sous le ciel…Après avoir entendu ce discours,
ils eurent le cœur vivement touché, et ils di-
rent à Pierre et aux autres apôtres: Hommes
frères, que ferons-nous? Act 2v25/37.

7-L'ENFER ET LE SALUT

L'on entends fréquemment les détracteurs du salut, et de la vie éternelle dirent que Dieu est trop aimant pour livrer sa création dans le feu de l'enfer. Et cette catégorie de personnes incitent leurs ouailles à vivre comme ils veulent et à ne point se soucier du retour imminent de Jésus-Christ qui viendra juger les morts et les vivants.

L'enfer est certain. Tous ceux qui renieront Dieu et qui vivront selon les plaisirs de la chair et de la vie en paieront le prix.
Ne vous y trompez pas: on ne se moque pas de Dieu. Ce qu`un homme aura semé, il le moissonnera aussi. Gal 6v7.

A ce propos, sachons qu'il y a deux classes de personnes, dont le salut est impossible. Quelques soit la repentance et les regrets qu'elles manifesteront après leurs œuvres, elles ne pourront être sauver.

- <u>Les adversaires au Saint-Esprit.</u>

Quiconque parlera contre le Fils de l'homme, il lui sera pardonné; mais quiconque parlera contre le Saint Esprit, il ne lui sera pardonné ni dans ce siècle ni dans le siècle à venir. Mat 12v32.

Dieu dit expressément qu'il ne pardonnera <u>jamais</u> à ceux des personnes qui insulteront et mépriseront son esprit.

- <u>Ceux qui se retirent</u>

Car il est impossible que ceux qui ont été une fois éclairés, qui ont goûté le don céleste, qui ont eu part au Saint Esprit, qui ont goûté la bonne parole de Dieu et les puissances du siècle à venir, et qui sont tombés, soient encore renouvelés et amenés à la repentance, puisqu'ils crucifient pour leur part le Fils de Dieu et l'exposent à l'ignominie. Héb 6v4-6

Ce passage s'adresse à toutes les personnes qui ont expérimentées la puissance de Dieu. Celles qui ont été les témoins de miracles authentiques, qui ont bénéficiées de la grâce, qui ont été sous la Schékina de Dieu... Car évidemment, celles qui se retirent de l'église, de la présence de Dieu n'ont plus de place pour lui, dans leurs cœurs. Elles ne veulent plus en entendre parler.

L'équation est simple : Si Vous reniez Dieu. Dieu vous renie. C'est pas compliqué.

mais quiconque me reniera devant les hommes, je le renierai aussi devant mon Père qui est dans les cieux. Mt 10v33.

Après vous êtes enquis de ce qui précède, comprenez que, Dieu, non seulement, ne pardonne pas tout, et bien plus, ils gardent rancune <u>spécialement</u> à ceux qui rejettent son esprit et à ceux qui retourne dans le monde parce que leurs nouvelles vies mondaine expose la sainteté de Dieu.

En outre, l'enfer est un lieu dont la bible decrit, comme étant :

- Un lieu de tourment.
- Un lieu séparé du paradis par grand abime.
- Un lieu qui dégage une forte chaleur d'une extrême puissance avec une forte odeur.
- Un lieu de non-retour.
- Un lieu de souffrance extrême et de condamnation permanente.

- Un lieu où la repentance n'est plus possible.
- Un lieu d'où les vivants n'ont plus de communion avec les morts.

Il y avait un homme riche, qui était vêtu de pourpre et de fin lin, et qui chaque jour menait joyeuse et brillante vie. Un pauvre, nommé Lazare, était couché à sa porte, couvert d`ulcères, et désireux de se rassasier des miettes qui tombaient de la table du riche; et même les chiens venaient encore lécher ses ulcères. Le pauvre mourut, et il fut porté par les anges dans le sein d`Abraham. Le riche mourut aussi, et il fut enseveli. Dans le séjour des morts, il leva les yeux; et, tandis qu`il était en proie aux tourments, il vit de loin Abraham, et Lazare dans son sein. Il s`écria: Père Abraham, aie pitié de moi, et envoie Lazare, pour qu`il trempe le bout de son doigt dans l`eau et me rafraîchisse la langue; car je souffre cruellement dans cette flamme.

Abraham répondit: Mon enfant, souviens-toi que tu as reçu tes biens pendant ta vie, et que Lazare a eu les maux pendant la sienne; maintenant il est ici consolé, et toi, tu souffres.

D`ailleurs, il y a entre nous et vous un grand abîme, afin que ceux qui voudraient passer d`ici vers vous, ou de là vers nous, ne puissent le faire.

Le riche dit: Je te prie donc, père Abraham, d`envoyer Lazare dans la maison de mon père; car j`ai cinq frères.

C`est pour qu`il leur atteste ces choses, afin qu`ils ne viennent pas aussi dans ce lieu de tourments.

Abraham répondit: Ils ont Moïse et les prophètes; qu`ils les écoutent.

Et il dit: Non, père Abraham, mais si quelqu`un des morts va vers eux, ils se repentiront.

Et Abraham lui dit: S`ils n`écoutent pas Moïse et les prophètes, ils ne se laisseront pas persuader quand même quelqu`un des morts ressusciterait.

Je nous en conjure, avant que notre souffle ne s'arrête. Faisons la paix avec Dieu et marchons à sa lumière.

Nous aurons un temps infini de gloire avec lui dans son royaume.

Puis je vis un nouveau ciel et une nouvelle terre; car le premier ciel et la première terre avaient disparu, et la mer n`était plus. Et je vis descendre du ciel, d`auprès de Dieu, la ville sainte, la nouvelle Jérusalem, préparée comme une épouse qui s`est parée pour son époux. Et j`entendis du trône une forte voix qui disait: Voici le tabernacle de Dieu avec les hommes! Il habitera avec eux, et ils seront son peuple, et Dieu lui-même sera avec eux.
Il essuiera toute larme de leurs yeux, et la mort ne sera plus, et il n`y aura plus ni deuil, ni cri, ni douleur, car les premières choses ont disparu. Ap 21v1-4

Contrairement à l'enfer. Le paradis, la Jérusalem céleste à venir est un lieu décrit comme étant :

- Un nouveau lieu de vie.
- Un lieu aussi beau qu'une mariée préparée pour ses noces.
- Un lieu où Dieu lui-même habiter avec nous.
- Un lieu sans aucunes espèces de péchés, de douleurs, et de souffrances.

- Un lieu de joie et de paix éternelle.

Est-ce qu'on se verra ? Préparez-Vous à vivre dans ce glorieux Tabernacle.
Vous ne pouvez pas rater ça.
Mieux vaut avoir une natte pour maison au paradis, que d'avoir un lit de trois places en enfer.

A BIENTÔT !!!

8-L'ESPOIR DES PEUPLES, L'ESPOIR DES NATIONS.

La bible reste le livre le plus vendu dans le monde. Celui qui en ait le centre d'intérêt et d'attraction se nomme Jésus-Christ.

Dieu a tout renfermé sous son nom.
Toute la gloire, la renommée, la sagesse, la richesse, l'honneur, la puissance et la force se trouve cachés en lui.

Toutes les sectes, toutes les loges qui ont pignon sur rue dans les nations tirent leurs enseignements de la sagesse des paroles du Christ.
Leurs enseignements nous pouvons l'affirmer, ne sont que des chimères.
Leurs prétendues puissances ne sont que des mirages.
Il l'a déployée en Christ, en le ressuscitant des morts, et en le faisant asseoir à sa droite dans les lieux célestes, au-dessus de toute domination, de toute autorité, de toute puissance, de toute dignité, et de tout nom qui se peut nommer, non seulement dans le siècle présent, mais encore

dans le siècle à venir.
Il a tout mis sous ses pieds, et il l`a donné
pour chef suprême à l`Église, qui est son
corps, la plénitude de celui qui remplit tout
en tous. Eph 1v 20-23

La vie se trouve en Dieu par Jésus-Christ.
Les preuves de sa résurrection peuvent être
démontrer par quiconque à la foi en lui.

Il ne rejette point les pécheurs. Il a les bras
ouvert et les mains constamment tendues
pour nous retirer des grandes eaux qui nous
submergent.
Il est la boussole de l'histoire. Il est depuis
le commencement et il est avant toutes
choses.
Et tous les habitants de la terre
l`adoreront, ceux dont le nom n`a pas été
écrit dès la fondation du monde dans le
livre de vie de l`agneau qui a été immolé.
Ap 13v8.

 Gardons les yeux sur sur lui.
Par ma plume, il nous rappelle ses paroles
vivantes.
- **Je suis le pain de vie. Jn 6v35.**

- Je suis la lumière du monde. Jn 8v12.
- Je suis la porte des brebis. Jn 10v7-9.
- Je suis le bon berger. Jn 10v11-14.
- Je suis la résurrection et la vie. Jn 11v25.
- Je suis le chemin, la vérité et la vie. Jn 14v6
- Je suis le vrai cep. Jn 15v1.

Conclusion

Kathryn Kuhlmann, une pionnière de l'évangile aux Etats-Unis faisait toujours la prière suivante :
Seigneur, tu peux tout me prendre. Mais ne me retire pas ses deux choses : L'Onction et mon Salut. Car avec l'onction des âmes sont Sauvées. Et mon salut est mon parapluie pour le ciel.

Vous pouvez être guéri et retomber malade plus tard ; vous pouvez pécher et revenir à Dieu...**MAIS SI VOUS PERDEZ VOTRE SALUT. VOUS AUREZ VECU POUR RIEN. VOUS NE POURREZ PLUS LE RETROUVEZ.**

Si vous vivez votre foi, sans gagner des âmes à Christ. Vous aurez ratés vous-même, le but pour lequel, vous avez été sauvés.

Qui enverrai-je ? Qui ira pour nous ? dixit le Seigneur. Pourrait-t-il comptez sur vous ?

Etes-vous prêts à être cet ânon sur lequel personne n'est encore monté ? Ce canal par lequel il va révéler sa gloire au monde ?

Les cieux languissent après la levée d'une armée déterminée et vaillante pour aller dans les ruelles, les places publiques, les zones reculées, les villages, les cantons, les provinces pour aller annoncer la bonne nouvelle de l'évangile.
Votre récompense sera grande sur la terre et dans les cieux. Gagner des âmes est la plus haute manifestation de l'amour.

Le remède le plus efficace pour guérir la prostituée, le voleur, le parricide, l'athée, l'homosexuel... c'est l'évangile.
Nous sommes la lumière du monde. Ne nous mettons pas sous le boisseau pour étouffer cette lumière, en restant entre nous dans les églises.

Les païens sont dehors. Les brebis égarés sont découragés. **C'est à nous que revient la charge de les gagner à Dieu.** Shalom !!!

Du même auteur.

- **REMOVE THE VEIL.**
- **COMPRENDRE L'APPEL DE DIEU.COMPRENDRE LA DELIVRANCE.**
- **COMPRENDRE LES SONGES.**

Les livres sont disponibles sur :
Amazon.com
Kindle.com

Suivre l'auteur sur enseignemoi.com
Email : galileanman@gmail.com
Téléphone : +1 (571)505-9624

Printed in Great Britain
by Amazon

40945715R00031